강 영 환 시집

불일폭포 가는 길
―나는 지리산을 간다 4

강영환 시집

불일폭포 가는 길

지은이 강영환
펴낸이 최명자

펴낸곳 책펴냄열린시
주　소 부산광역시 중구 중앙동 3가 14-1번지
전　화 051-464-8716
출판등록번호 제 02-01-256호
출판등록일 1991년 2월 4일

인쇄일 1판 1쇄 2012년 11월 3일
발행일 1판 1쇄 2012년 11월 8일

ⓒ강영환, 2012, Pusan Korea
값 8,000 원

ISBN 978-89-87458-75-5 03810

- 저자와 협의하여 인지를 붙이지 않습니다.
- 잘 못된 책은 바꿔 드립니다.
- 이 책의 내용 중 일부 또는 전부를 저자 및 출판사의 동의없이 사용하지 못합니다.

땀방울 뚝뚝 힘들여 오르던 광대골
생강나무 꽃가지 방금 돋은 노란 햇살에도
마음 빈자리에 생기 있게 흔들리면서
가슴으로 돌아오는 때깔이 분주하다
이 맛에 가슴살이 탱탱해지는 봄
곰팡이 핀 배낭 등가죽에 싹이 나면
온 몸 가려움증 솟구쳐 움을 틔우고
양지 바른 백무동 길을 앞서 간다
……

〈본문 중에서〉

□ 책머리에

『불무장등』(2005), 『벽소령』(2007), 『그리운 치밭목』(2008)에 이어 네 번째 지리산을 간다.

1980년대 초 처음 지리산을 다닐 때에 비해 21세기 지리산은 사람들과 너무 가까워졌다. 산을 가는 것도 속도전이 되었을까. 산을 느끼고 산과 교감하는 그런 산행이 아쉽다. 삼도봉 길을 계단으로 바꿔놓으면 좋을까? 또 케이블카를 놓으면 어쩌란 말이냐. 그게 산행은 아니지 않는가. 그래서 내게 지리산이 자꾸 멀어져 간다. 체력이 떨어진 것도 이유겠으나 마음이 먼저 멀어져 가는 것을 어쩔 수가 없다. 아프고, 그립고, 안쓰럽고, 사랑스러운 지리산을 그리워하는 사람들과 함께 지리산을 나누고 싶다.

2012년 가을

자서 · 5
목차 · 6

제11부 써레봉을 넘어서

써레봉을 넘어서 · 13
삼도봉 오르며 · 14
총각샘에 빠지다 · 15
쥐똥나무 아래 · 16
장단골 거미 · 17
황금능선 억새 · 18
순두류 백양나무 · 19
왕시루봉 자벌레 · 20
국골에 진 떡갈나무 잎에게 · 21
덕산 · 22
누운 참나무에게 · 23
거미줄 이슬 한 방울 · 24
노고단 돌탑에게 · 25
불무장등 단풍나무에게 · 26
길 끝에 앉아 · 27
장단골 끊어진 길에서 · 28
독바위에게 · 29
나무꾼 길 · 31
대성동 물가에 앉아 · 32
의신동천 물소리 · 33
반야봉 노을에 빠지다 · 34
묵은 길 · 35
하산길에 들다 · 36
벌목 상처 · 37

산죽에게 · 38

제12부 반달곰에게

불일폭포 가는 길 · 45
내가 사랑하는 산죽 · 47
새재에 남은 시간 · 48
봄이 지다 · 49
추성동 막영 · 50
형제봉 잔설 · 52
법천골 가는 길 · 53
피아골 단풍 · 54
와운골에서 장기를 두다 · 55
피아골 사랑 · 56
삼정산 나무꾼이 되다 · 57
고운동 피리소리 · 58
반달곰에게 · 59
고사목에게 · 1 · 61
고사목에게 · 2 · 62
고운동 피라미에게 · 63
길을 건너지 못한 고라니에게 · 64
덫에 걸린 멧돼지에게 · 66
낡은 거미집에게 · 67
도장골 거미줄에 걸리다 · 68
피아골 낙엽에게 · 69
백무동 가을나무에게 · 70
끝없는 산 · 71
중봉에 오르면 · 72
장터목 여름 · 74

제13부 밑 빠진 독

벽소령 홀로 뜬 달에게 · 77
산 흐리고 비 · 78
죽은 뿌리에게 · 79
그리운 후박나무숲 · 81
쑥밭재 구절초 · 83
법계사 걸망 · 84
백년 안부 · 85
먼 산 바라보며 · 86
대성골 참나리 · 87
내게도 봄이 있더라 · 88
숲-사랑 · 89
치밭목이 그리워서 · 90
마음 안에 지리산을 들이고 싶다면 · 91
숨어살기 위해 · 93
지리산에 못 든 나에게 · 94
산거렁뱅이를 어찌할까 · 95
산동 산수유 · 96
자벌레에게 · 97
국골에 내리는 비 · 98
시간 죽이기 · 99
가랑잎 · 100
흔적 40 · 101
숲을 헤매다 · 102
솔숲은 너무 밝아졌다 · 103
윤삼월 · 104
마가목이 동쪽으로 갔다 · 105
고사목 마른 숲에서 · 106

밑 빠진 독 · 107
허공달골 · 109
홍시 · 110
소금길 위에서 · 111
선비샘에 닿다 · 112
급한 볼 일 · 113
산이 울었다 · 114
풀색 · 115

제14부 지리산 사람들 2

어산지묘魚山之妙 · 119
금도琴道 · 120
달을 잡아 두고 · 121
곧은 낚시 · 122
지리산 나무꾼 · 123
연선도인蓮船道人 · 124
이슬같이 · 125
껍질을 남겨 두다 · 126
붉은 깃발 올리고 · 127
손가락 끝에 달 · 128
왕우군을 따라가면 · 129
누운 들국화 · 130
가슴에 박힌 못 · 131
동편제 · 132
흥보가 · 133
수궁가 · 134
산동애가 · 135

해설 · 138

제 11 부
써레봉을 넘어서

써레봉을 넘어서

그대 흥미 없는 생에 무너지고 싶다면
흔적도 없이 무너져 훨훨 날아가고 싶다면
남도 지리산 동녘 써레봉으로 가서
세상을 기르는 길등을 설어 보라
눈이 상봉을 향하여 갈증을 풀 때 산등은
눈부신 쪽으로 몸을 끌어가려하느니
왼쪽은 가물가물 햇살 벼랑이고
오른쪽은 푸르고 깊은 수해 빛이다
그곳에는 영원에 쉽게 닿는 길이 숨어 있다
한번 무너지면 돌아올 수 없는 길 위에서
몸은 스스로 균형을 잡고가지만
눈에 넣고 가는 상봉이 앞서서
지친 영혼을 손잡고 길을 밝혀주지 않는다면
몸 스스로는 갈 수 없는 길이다 그렇게
그때 써레봉 가듯 이승을 걸어라

삼도봉 오르며

때론 포기하고 싶은 오르막이다
새들에게도 끝없는 날개짓이 힘에 겨운
삼도봉 가파른 나무계단을 타다보면
불편한 발 놓기에 짜증이 난다
억지 만든 계단이 무너뜨리는 숨결에
지치고 흐트러진 걸음이 맥박을 깬다
맨흙에 뱃살 부비며 오르던 산
체감하던 오름에 온몸 취해 가다보면
이내 끝에 이르러 하늘을 만난다
힘 든 오르막 끝에 쉬운 내리막은 없다
추락하는 벼랑을 숨기고 있어
조심하는 내리막도 길을 잃고
수 천길 단애에 매달리는 곡예를 부리기 일쑤다
오른 만큼 내려서야하는 산의 이치라면
힘들다고 포기할 오르막은 도처에 있다

총각샘에 빠지다

이제는 찾을 수 없는 물이 되었다
억새풀 우거져 길은 지워지고
끊어진 인적에 소외가 길었나보다 많이
숲에서 잊혀 진다는 것은 쉬운 일이기에
산짐승 들락거리는 잡목 무성한 숲으로
스스로 도피해 간 숫총각 부끄럼인 걸
보아주지 않아도 솟아나는 물이
구애받지 않아도 절제할 줄 아는
투명한 반짝거림을 몸에 지녔다

찾을 수 없어 혼자 멀리 가는 오아시스
퍼 주어도 마르지 않는 샘이 건네주는
새소리에 실어 보내는 살찐 과육
노래를 품고 가는 처녀는 바람뿐이다
잊혀져도 갈 길을 또박또박 걸어가는
눈웃음이 햇살을 받고 사뿐거렸다
숨어 있어도 쉽게 들켜버리는 샘이
아직도 수줍어 숨어가는 걸 보니 끝내
총각 옷 벗기는 어려워 보인다

쥐똥나무 아래

산죽 숲에서 개미들이 몰려나왔다
쥐똥나무 숲에 감추어 둔 달을 꺼내놓고
폭포 다리 위에 걸어 길을 밝혔다
뿔을 세우고 무슨 항변을 하려가나 보다
보를 쌓아 물길을 끊은 건 누구일까?
누가 쇠말뚝을 박아 삭도를 산에 올려 보내는 걸까?
수곡골 잠들었던 때죽나무도 덩달아 소란이다
동박새는 무서워 숲 밖을 나서지 못하고
깊이 흐르던 물줄기도 소용돌이 몸살이다
개미 행렬에 함께 부산을 떠는 산나리
풀어헤친 가슴에서 분노가 솔솔 터져나고
숲에 도는 전설이 달빛아래 푸르렀다
누가 쥐똥나무를 잠들게 할 수 없는가
또 한 번 불태울지도 모르는 몸으로
곤한 날개조차 접을 수 없는 물이다

장단골 거미

내 독은 생존이다 푸르게
과장해서 날 추락시키지 말라
독이 있는 그곳이 내 안식처다
독은 추미진 곳을 좋아하고
그림자는 그것을 숨기기 위해
아무도 드나들지 않는 외진 곳으로
깊은 하늘을 향해 초망을 걸었다

굶주린 독이 그곳으로 갔다
누군가를 쓰러뜨리기 위해
하늘 푸른 살을 베어 물었다
그곳이 나의 일터다
그것은 위험한 눈을 가졌지만
그러나 하늘을 먹지 않는다
허물어진 집을 노려볼 뿐

황금능선 억새

석양 저무는 유리창에 그려 본
하늘과 산을 잇고 있는 먼 그곳
손끝과 발끝으로 가는 마루금이다
그리워 가슴에 든 눈물을 퍼내는 일
팔뚝을 베어 피 흘리게 하던 억새가 되어
격렬하게 몸 흔드는 기억을 토해
아침까지 눈물로 든 잠을 지켜낸다

밖을 차단한 창유리에 황금능선이 뜨면
바람에도 굴신하는 억새가 눈을 찔렀다
가냘프고도 낮은 허리를 구부렸다
다시 순종하며 추스르는 몸짓
하늘 거스르는 일은 위험한 일인지
산등성이에 살아남기 위해 엎드렸다
다시 일어서는 일 멈추지 않았다
예사롭지 않은 유리창 노을 속에서
억새풀 질긴 살아남기에 몸이 흔들렸다

순두류 백양나무

중산리 순두류 초입에 선 백양나무가
손바닥 뒤집는 말로 나를 불렀다
솜털을 세운 부드러운 말은 반짝 반짝
바람 따라 한 번씩 몸 뒤집으면서
키 큰 산이 되어보라 한다
가망 없는 나는 발돋움도 못하고
발밑 물소리에만 귀를 내 주었다
귓볼에 반짝이는 말을 한 번 더 뒤집으며
나무는 바람을 탓하지 않았다
은빛 하늘 펄럭이며 딱새 한 마리 날아와
이마를 쪼며 끝없이 일러주었지만
쏟아지는 하늘을 받아 주지 못하고
백양나무 숲에서도 귀를 열지 않는
문득 떠나는 바람을 타고 말았다

왕시루봉 자벌레

맨몸으로 왕시루봉 가는 일은
끝없이 나무들 뒤로 숨어가는 바람의 일
물소리에 몸을 실어 보내는 바위의 일
돌에게, 흙에게, 풀에게, 나무에게
미안함을 수없이 적어 보내는 일
발바닥을 비워서 산을 쉬게 하는 일
드디어는 길 위에 맨발로 남는 일
산길 위에서 떠날 몸을 가볍게 하는 일
맨몸으로 한 땀씩 생을 건너가는
전생을 복습하는 힘겨운 노동
산 오르는 일을 멈추지 못한다

국골에 진 떡갈나무 잎에게

낙엽은 몰래 발꿈치를 들고
시간 위를 걸어가는 소리를 냈다
밟혀서 떠나기 위해
빌자국과 발자국 사이에 제 몸을 넣고
더 낮은 데를 찾아 굴러 갔다
떨어졌다 창백한 표정을 부러뜨리고
바위 모서리를 돌아가는 물위에
가벼워진 제 몸을 띄우고 돌아서는
집 잃은 설움, 그대는 다음 생을 끌고
어딜 그리 바빠 가고 있는가
마음을 내려놓아도 좋은 국골에서는
깊은 그늘이 네 집이란 걸 모르느냐

덕산

분 마른 곶감에 우러나는 산 맛이나
빚어놓은 질그릇에 도는 산 빛은
멀리 가는 덕천강 출렁거림 때문이다

사람이 길을 만들고
길은 홀로 산으로 간다

낮은 집을 짓고 사는 사람 일처럼
이마 밝은 천왕봉이 가슴에 있어
산을 닮은 얼굴이 산을 품고 산다

길은 산으로 나있고
강은 산에서 나온다

누운 참나무에게

세상을 버린 얼굴이 참 편안하다
잠 든 모습과는 또 다른 빛이다
산길에서 만난 흙투성이 모난 돌이 아니라
낡은 색깔이 약간 비춰 보이기도 하는
물가에서 만난 물기 가신 자갈돌 반짝이는
둥근 얼굴, 그것은 그냥 말라 죽은
나뭇가지가 아니라 제 형상을 빚어 옻칠한
알 듯 말 듯한 표정을 지닌 나이테
세상을 버린 속 시원한 얼굴이다

다시는 오지 않을 다짐을 했는지, 혹
숨은 허공달골 물속을 지나는 달처럼
오고 싶은 아쉬움을 뒤에 지녔는지
옆구리 터 노란 속살을 내비쳐
꾸물거리는 벌레들을 키우고
알 수 없는 표정이 뒤에 남았지만
쉽게 품지 못한 아쉬움 같은 것까지
모두를 끊어버린 뒷모습은
끝없이 멀고 먼 하늘색이다

거미줄 이슬 한 방울

누가 지나갔는지 내원골 숲 속
젖은 발자국이 길 위에 나있다
마르지 않는 거미줄 위에서
애써 몸을 말리고 있는
짧은 이슬 한 방울 둔 채

아직은 벌레도 지나가지 않았나보다
이 길 위에서 새벽도 아닌데
낡은 채 가로 쳐진 거미줄이
구멍 난 그물로 날 포박한다

그물 위 이슬방울 작은 속
벗어나지 못하고 주려 죽은
이승의 나비 한 마리
노란 눈을 무섭게 뜨고
몸을 가볍게 하는 중이다

노고단 돌탑에게

섬진강 강물을 따라 노고단에 들어
산죽 사이 숨어간 길을 헤쳐 갈 적에
가랑잎 새소리에도 눈을 빼앗겼다
귀 세워 바라 본 왕시루봉 능선에는
낮은 운무가 서려 몸부터 버리겠다

산 동무 만나 인연에 젖어 가는 길
쉬운 길에 무릎이 휘파람을 날릴 때
눈에는 백운산, 반야봉 물빛이 꿈틀거려
하늘 가까운 마음을 돌로 쌓아 올렸다
산 어디서라도 들을 수 있는 소리

물소리 바람 따라 귀를 당겨보니
반야봉 지켜 선 하늘아래 첫동네에서
산에 드는 설렘은 구름에 걸리고
눈 뜨면 오르고 싶은 산에 올라
불무장등 마루금을 눈으로 갔다

불무장등 단풍나무에게

늦가을 단풍나무 아래 누워
물든 잎을 떨어버리는 연습을 했다
몸 덜어내 마음을 가볍게 하는 나무
나무를 비워 몸을 비우는 산
애증으로 키워오던 잎을 떨어낸 나무는
오랜 묵언 수행자 모습이 아니었든가
진즉부터 길 위에 뒹구는 나는
어느 나무가 버린 낙엽일까 애써
굴러도 바스락거리는 소리 한 번 못 내고
붉은 잎이 가슴 위에 내려 덮어
하늘 깊은 마음을 전해주어도
들어야 할 때 물들 줄 모르는 몸이
혹, 눈 먼 짐승은 아니었든가

길 끝에 앉아

바로 이곳에서 길이 끝난다면
가냘프게 흔들리는 풀잎도 되기 싫고
노래하지 않는 바위도 되기 싫다
가시덤불 우거진 길 끝에 앉아
막장까지 찾아 올 그대를 위해
목 추겨줄 석간수로 솟구쳐 있으리니
바로 이곳에서 하늘이 끝난다면
구름 속 드나드는 멧새도 되기 싫고
재빨리 달아나는 구름도 되기 싫다
돌무더기 쌓여진 너덜 끝에 앉아
뙤약볕 뚫고 다시 올 그대를 위해
태산목 큰 그늘로 누워있으리라

장단골 끊어진 길에서

가지 않으면 길이 아니다
굽이굽이 끝이 없을 것 같던 길도
가끔은 끊어져 사라질 때가 있다
폭우 무릅쓰고 계곡으로 들던 길이
개울 하나 건너지 못하고 물에 잠겼다
길은 물 건너에 다시 나타났지만
동강나 가지 못할 내 길이다

물은 이내 빠져 나갈 것이지만
성화를 멈출 것 같지 않은 거센 물살에
섬약한 길이 견뎌 낼 수 있을지 걱정이다
끝나지 않은 길은 언제 다시 이어질지
길 밖에서 기다려도 소용이 없다
한번 끊어진 마음을 어떻게 이을까
물이 가는 도를 먼저 물어야 했다

독바위에게

시간을 둘러맨 어깨 구부정한 사내가
산기슭에 앉아 쉬고 있다
등짐이 얼마나 힘들었으면 그랬을까
먼 산 바라보는 등이 다 휘었다

길은 안개 속으로 희미해지고
잎을 떨어낸 신갈나무 비탈을 간다
오르막이 힘 든 것은 나무뿐이 아니다
포기한 물이 하산을 서두르는 걸 보니

달뜨기능 마루금에도 어둠이 쌓이고
스무 살 반짝이는 피부에서 별이 뜬다
내게는 아직 오르막이지만
빛이 오는 쪽에서 어둠이 왔다

저물녘 아무도 곁에 있어주지 않아
구르던 바위도 모가 나 서있고
닳고 닳아 남은 시간 속으로
푸르게 이끼를 키우는 사내 가슴팍

얼마나 먼 길을 더 가야만
산정 별빛에 닿을 수 있을까
시간을 둘러맨 검은 어깨 위에도
지는 별 흔적 같은 금이 갔다

나무꾼 길

나무꾼은 길을 찾지 않았다
산에서 그가 곧 길이므로
지금껏 길 끝에 앉아 본 적이 없다
나무꾼 길은 나무에게도 가서
가지 끝에서 하늘로 이어져 끝이 없다
길이 끊어지면 나무꾼은
길을 짊어지고 어둠에서 돌아왔다
길 위에서 지치는 법이 없이 나무꾼의 길은
구름 위에서도 끝이 없다
그늘 속에도 그늘이 있어 쉽게 돌아선 길은
나무꾼이 사라진 오랜 뒤에도
비틀비틀 혼자서 길을 찾아갔다
나뭇짐을 지고 끝인가 싶으면 갈래져 흩어지고
잃었다 싶으면 다시 모여 선명해 졌다
나무꾼 발바닥이 길을 닦았다

대성동 물가에 앉아

집에 들면 집이 그립지가 않다
산에 들면 산이 그랬으면 좋겠다
물가에 앉으면 물이 그랬으면 좋겠다
속세로 가는 길에서도
이와 반대되는 길에서도 햇살이 들었다
영신봉 햇빛이라 물이 일러주었지만
그것은 또한 산을 알고 물을 알고
새를 아는 것이라 했다

길 흐르는 대로 발이 가고
눈 가는대로 산을 보고
귀 여는대로 물을 들으며
풍경 따라 마음을 두지 않았으니
산에 든 다른 뜻이 없음이었다
새는 새가 아닌 것을 알게 되고
산은 산이 아닌 것을 알게 되고
물은 물이 아닌 것도 마찬가지
가르쳐 주지 않아도 답을 알았다

의신동천 물소리

간밤에 내린 비로 계곡 물이 불었다
물을 건너지 못한 새가 이른 잠을 깨웠다
팔베개를 하고 물소리와 마주했다
능선이 흘러가며 내는 소리 같기도 하고
물푸레나무가 발을 씻는 소리 같기도 하고
그 돌멩이 뒷물 소리, 아무려면 어떠랴
엉겨 붙는 파리가 허벅지 살을 떼먹은들
모기가 목덜미 피를 빨아 먹은들
하루쯤 세수를 하지 않아 코에 이끼가 낀들
몸 아니라 마음까지 씻어가는 물소리
목이 말라 멀리 물가에 와서
물소리에 젖어 돌이 되어버린 발과
떠내려가는 거품에 실명한 눈을
돌려받지 못하고 멈춰 서서 여태
물을 건너지 못한 짐승 한 마리
온갖 시름 떨치고 누워 들어보면
원시는 울음소리를 물어뜯었다
산골 돌아 나가는 물소리 대신
몸 맡기고 쉬어가는 물가에는 아직도
물을 건너지 못한 짐승이 하나 더

반야봉 노을에 빠지다

하늘이 내주는 소슬바람을 가슴에 받았다
마가목이 속 타는 가슴살을 내 보였다
온 뉘를 부끄러움으로 물들이는 그대
그대가 천년 노을이 아니라면
하늘도 지워지지 않는 상처 자국이다
곁에서 강물로 소리 없이 흐르는 나는
저물녘이면 따라 노을이 되기도 하고
하염없는 그대 눈물이 되기도 한다
숲에 숨어사는 어둠이 싫어
나무 밑둥치를 긁고 있는 어린 삵 한 마리가
울음소리로 밤새워 귀신을 쫓았다

묵은 길

문득, 그랬다 무릎에
불무장등 단풍나무 숲에 이르러 피가 났다
가슴에 나뭇잎은 언제 물드는지
물들어 단풍이 되는지 그리고 떨어지는지
일러 이름값도 못하는 청춘 곁을 지나
훤하게 열린 하늘 아래 길이 열렸다
환호하고 싶고 날아가고 싶고
아, 그리하여 꿈이라도 깨기 싫은 그때
가슴이 작은 새는
푸른 하늘을 감당 못하는지 한창
흘러가는 물에 꽁지를 담갔다 뺐다
몸에 솟는 열기를 식혔다
길옆 달맞이꽃은 혼자 푸르러
푸르게 입술을 단장하고 얼굴을 들었다
달이 뜨지 않았는데도
새벽길 이슬에 취해 비틀거렸다

하산 길에 들다

백무동 길로 들었다 간밤에 내린 비로
아랫도리 후들거리며 내리막을 가고 있을 때
내 빠른 시간 곁을 스쳐
번개처럼 하산하는 풋풋한 미끄럼
코끝에 와 닿는 청춘은 발자국마저 가볍고
걸음이 빨라서 느리게 가던 시간을
한 때 부러움으로 본 적이 있다

원추리 피었다 지는 노고단 칠부능선
아침 안개 속에서 깨어난 동자꽃이
문을 열어 주길 기다리고 서 있을 때
고사목처럼 하얗게 그리고 꼿꼿하게
사무친 사연을 말 못하고 머뭇거리며
두 손 마주하여 비비고 서서
더디 가는 시간을 탓한 적이 있다

벌목 상처

비바람 치는 봉우리에 버림받았어도 용케
그대 아직 제석봉에 살아남았다
메워지지 않고 부서지지 않고 무너지지 않은
버티기 힘든 참내하던 어둠들이
20세기 젖은 굴다리 속을 지나 와
허리는 잘려져 비록 불구가 되었어도
절름발이 숨 쉬고 버텨 남았다
장하다 네게 해줄 말은 그것 뿐
도움 주지 못하는 책상머리를 용서하라
삭도 철주를 산정으로 올려 보내고
계곡 물을 가두어 물길을 끊어 놓아도
소리 나지 않는 글 몇 줄로 다 끝냈으니
애타는 네 상처는 깊어지고
내 입술은 가뭄으로 타들어갔다
너는 그렇게 몇 천 년을 지나 다시
빛이 돌아갈 빈터가 되어야 한다

산죽에게

본래부터 내원골 주인이던 너를
쉽게 건드려서 미안하다 산길을
동네 길 가듯 생각지는 않았지만
다시 부스스 몸 털고 일어난 네가
낯선 이를 반기려 길가에 나서서
손잡으러 팔 뻗어준 것도 안다
지친 몸이 너를 감당하지 못하고
버릇없이 짓밟고 말았다 미안하다

미안하다 내 길을 막는
그 힘이 네 우호의 표현인 줄
그것도 모르고 넘어지지 않으려 애쓰는
너를 옆으로 젖혀 쓰러뜨리고
발목 꺾어 범하고 말았으니 미안하다
무수히 미안하다 내 길을 가기 위해
무자비하게 쓰러뜨리고 짓밟고
몹쓸 짓을 하며 산등에 오른 것이다

비록 가는 길을 잃고 헤매었지만

다시는 앞서 가로막아 서지 말라
잎으로 이마를 때리고
줄기로 가슴을 밀치고
뿌리로 발목을 붙들어도
쓰러지는 참담한 네 언어일지라도
나는 내 길을 찾아 갈 터이니
너도 반갑다고 가로막지 말라

정강이뼈에 부딪혀오는 네 힘을
사랑으로 느끼면서 그렇게
뿌리치고 갈 것이다 결코
오름길을 멈춰 서지 않을 것이다
가까운 조난은 한걸음씩 다가오고
너는 그것을 경고해 주었지만
멈춰 서기에는 이른 것이다 아직
가야할 시간들이 산 너머에 있고
지금은 힘들여 오르막을 올랐다

멀고 험한 너드렁길 가에

너는 동반자였음에도 불구하고
너를 밀치고 돌아서고 말았다
섭섭하다 생각하지 말라
네 사랑이 긋고 간 종아리 칼자국은
피가 멎고 이내 아물겠지만
숱하게 밀어 붙이며 길을 막아서던
억센 네 팔뚝을 잊지 못한다

산이 솟은 이래 너는 거기 있었고
내 피는 여기까지 흘러와 서로
어떤 인연으로 만나게 되었는지
수천 번 가슴을 부딪혀도 알 수 없다
상처입고 쫓겨 온 새와 짐승들
숱한 사람들을 너는 감싸주었고 나는
너를 쓰러뜨린 악연으로
길 없는 네 그늘을 붙들고 섰다

산에서 길을 잃고 나서야
거친 산죽을 만날 수 있었다

꼿꼿하게 길을 막아서는 힘과
낯바닥을 베는 날카로운 잎
발목을 걷고 있는 질긴 아랫도리를
뼈저리게 느낄 수 있었다

잃어버린 길이 아닌 다음에야 어찌
푸르죽죽 죽지 못해 살아있는
산죽이 사는 살림을 알 수 있으랴
뭉쳐 있는 악다구니를 느낄 수 있으랴
산죽 사이를 지나쳐 보지 않았다면
뜨거운 체온과 질긴 호흡을 만날 수 없으리라

제 12 부
반달곰에게

불일폭포 가는 길

모자처럼 폭염을 눌러쓰고 상불재를 넘었다
비틀거리던 길이 목마를 때쯤 거기
바위 아래 솟구치는 가냘픈 물줄기를 만나
시원하게 목 추기고 가는 길에
한 몸이 되었다고 따라 나선 물소리
앞서거니 뒤서거니 함께 내려서다가
불일평전 다 와 가는 길목에서 헤어졌다

섭섭한 것이 어디 이별뿐이었을까
너는 천길 벼랑 끝을 향해
떨어지기 위해 달려가고 나는
떨어지는 너를 보러 굽이, 구비 서둘러
벼랑 끝을 돌아서 갔다 우리는 서로
막다른 길에서 다시 만났다

멋모르는 나는 발끝을 세우고 걸었지만
흐를수록 힘이 세어지던 너는 그동안
떨어져 내릴 것을 준비해왔다 아아,
어쩌면 비명으로 떨어지고 있는 너를

오금 저리는 전율로 바라봐야 하다니
네 부서지는 몸에 눈을 감고 말았다

〈2012 토지문학제 하동소재 작품상 수상작〉

내가 사랑하는 산죽

그대 날 삼키라 푸른 입술로
부드러운 혀의 촉감으로
오로지 독차지하려는 억척 마음으로
잎에 새긴 오뉴월 된서리로 포식하라

나는 그대를 잠행하리라
그대 날카로운 눈빛 속으로
굴곡진 나신을 던져 넣고
그대 폭력 앞에 온전히 노출되리라

눈에 눈을 넣고
입술에 입술을 숨기고
살에 살을 부비고
뼈에 뼈를 맞대고

멍투성이 내 길은 구겨져
꽃이 진다해도 아직은
그대 속에 나를 감추는 일
그대 못 다한 흰 뼈에 가 닿으리라

새재에 남은 시간

잎 다 진 가을 숲을 배경으로 비가 왔다
숲으로 가자 조그만 뙤약볕 속을 아직도
온몸으로 날고 있는 고추잠자리가
젖은 날개로 바르르 가을을 털어 내고
떨어진 물방울이 흘러 맺힌 웅덩이에
지상의 허물을 가볍게 내려놓았다
멀리도 달려왔다 떨어진 나뭇잎에도
곱게 내려와 주는 빗방울 하나
동그란 파문으로 세상을 흔들 때
고추잠자리 영혼이 잠시 반짝이다 갔다
시베리아 고기압이 채우는 웅덩이에
가을을 지나가는 비는 떨어지고
잠자리는 남은 시간 속으로 한없이 졌다

봄이 지다

추락으로 지친 지하철 정거장을 지나왔다
바람을 밀고 들어서던 경적 같기도 한
물소리, 떠나는 개울물소리 눈을 간질이고
온 몸 살갗에 돋는 두드러기도
산에 들어선 뒤에야 기어이 봄을 열었다
몹쓸 추락은 산에서도 눈에 남았다
떨어지는 폭포가 아니더라도
뒤집어져 허연 배를 낸 고라니와
모가지째 떨어져 굴러가는 산목련 꽃
까칠한 알러지 번지는 그대 산길은
갈수록 서럽기만 하여도 되는 것인가
나무들이 살아오는 투명한 숲으로
헤진 발이 피에 젖어 내가 가는 봄이다

추성동 막영

그늘 깊은 칠선골에 든 어둠이
지느러미 파닥거리며 용소에 갔다
산 높이로 몸을 적시는 물소리와
불 꺼진 도시 어느 깊은 그늘에서 온 목마름이
모닥불 생나무 타는 소리로 살 섞는 밤
온몸은 숨구멍을 열어 산을 들이느니

아침 마루금에서 일제히 날아오르는 새떼
새가 되고 싶은 햇빛이 날아들었다
또 한 번 불태울지도 모르는 몸으로
곤한 날개조차 접을 수 없는 물이다
떠돌면서 저문 언덕을 넘고
흔들리다가 부서져 스스로 산화하여
숲 속 갈퀴 위에 발자국을 남겼다

산은 알 수 없는 깊이로 내 품에 와서
남은 그림자까지 물소리로 적셔주었다
나는 지고 온 그림자마저 벗어버리고
도주해 가는 인적 끊긴 숲 속 깊은 그늘

날지 못하는 새가 된 나를
슬픈 눈으로 돌아보는 앉은뱅이 돌이다

형제봉 잔설

사월 눈보라가 형제봉을 지나갔다
숨어 떨고 있는 몸 숨겨 줄 바위그늘이
남아 있을까 잔설이 수줍다
맨몸으로 서있는 구상나무 곁에 앉았다
나무의 마른 살내, 겨울을 맡았다
구상나무가 몸 흔들어 눈을 털어냈다
발아래 북풍은 아직 힘이 세고
산등성이 하얀 물소리를 남기고
햇살 따라 잡혀가는 고사목
키가 커서 멀리서도 봄을 알아챘다
거대한 그것이 시샘하는 작은 봄

법천골 가는 길

비는 길을 덮고 키가 크다
나뭇잎을 때리는 소리에 귀가 뚫렸다
흰 너덜 길 묵은 때를 씻어간다
빗발이 좋은 지렁이가 두 발로 와서
한 발로 귀가를 서두르는 오후
이보다 더 진한 발자국이 있을까
지렁이 눈앞에서 구부러지는 길이
비를 맞으면서 빨리 빨리
길이 되어 눕는 풍경이 눈에 환하다
온 몸을 던져 만든 길 위로
밝은 뒷모습으로 숲에 가는 비
몸 젖은 나를 부끄럽게 했다

피아골 단풍

소박맞은 아낙이 친정을 뒤로하고
샛골목에 앉아서 옛 연서를 태웠다
진한 화장을 지우지도 못한 채
뒤 한번 보지 않고 지른 불에다
엉덩이 까고 오줌을 누는지
펑퍼짐한 붉은 물이 소리도 없다
불무장등 된 바람에 쫓겨 떠돌다
불난 집에 우수수 터지는 마른 살내
이 집 불티 저 집으로 옮겨가며
아쉬운 골짜기를 못내 태운 뒤
왕시루봉 마저 태워 먹었다
직전에는 미친바람이 돌았다
산에 가서 꺼지지 않는 늦바람은
삼도봉 너럭바위에서 덕평봉으로
강 건너 백운산까지는 그리운 눈빛
못 다 이룬 사랑을 태운 아낙이
원 없이 일 저질러 놓은 뒤
섬진강 하얀 물에 몸을 던졌다

와운골에서 장기를 두다

늙은 소나무 아래 두 노인이 장기를 두었다
베옷 구겨지는 소리로 서로 다투는 모습이
아주 가끔은 노송에 겹쳐 보였다
바람 탓이라 이르기엔 긴 시간이다
해 지자 노인들은 장기판을 쓸고 자리를 떴다
황급히 번지는 산 그림자 따라
내기에 진 노인이 검은 숲을 향하여 걸어가서
허리 굽어 마주보는 소나무가 되었을까
빈 장기판이 오래도록 남아서 홀로
다투다 남은 노인의 말들을 중얼거렸지만
다시는 그늘 가까이 누구도 오지 않았다
검은 숲에는 밤늦도록 두런거리는 물이 흘러간 뒤
티격태격 들려오는 장기 두는 소리
삼각고지가 다 마를 때까지 이승을 굴렸다

피아골 사랑

목마른 끝내 여기에 당도했다
피아골은 깊은 곳이다
이 숲에 네가 데려 온 몰골을 한번 보게
산발한 귀신 모습이라면 그래도 낫다
허리에 찬 은장도를 빼어 너를 탐하는
잿빛 시간이 고여 있는 골짜기
검은 심장을 깊이 찔러
나쁜 네 피가 보고 싶다 숲 그늘에
울며 떠나는 푸른 혈관이 보고 싶다
산발한 머리카락을 감싸고
네 눈빛은 이미 산 자의 것이 아니다
사막 끝에서 몰려다니는 바람 속에나
한 덩치 검은 바위로 죽어 있는
나쁜 피로 피아골을 물들이지 말라
네 발자국마다 귀신 냄새가 났다
가시에 찔려 손등에 피가 흘렀다

삼정산 나무꾼이 되다

지게를 업고 산에 든 지 두 천년이 갔다
땔감은 신갈나무 밑둥치가 제일이어서
무딘 날을 세운 도끼는 숲이 그립고
몸 다 내 주는 침나무가 곁에 있어줘 고맙다
다하지 못한 말끝에 목마름은 타고 있으니
짐승처럼 쓰러뜨린 나무를 탐해도
강을 건너오지 못하는 아득한 불꽃
가슴에 얼음을 채운들 함께 갈 수 있으랴
뒤안길에서 쓰러지는 불씨를 건질 수 있으랴
가뭄 속에서 꺾어진 눈 뜬 바람인들
불구가 된 팔을 뻗어 풀잎 쥐어 본들
바람은 푸른 치마를 펄럭이며 동쪽으로
또는 서쪽으로 가고 돌 틈서리마다
입김으로도 쉽게 꺼지지 않는 불씨를 손 모아
숲을 거두어 살릴 수 있을까
다시 천년이 지나야 알 수 있겠다

고운동 피리소리

고운동 대밭을 쓸어 피리를 만들었다
잘 여문 대와 마디마디 속정을 통했다
한 마디씩 뚫릴 때마다 비명이 풀려났다
눈으로 불면 마음도 통하는가 보다
가슴에 감춰두었던 하늘 소리
눈으로는 가 닿을 수 없는 깊이로
간직한 향기가 풀려 나왔을 때
막힌 벽을 한 소절씩 무너뜨렸다

달빛 위를 걷는 발소리도 들리고
별빛 아래 높은 산봉우리 쌓인 눈
귀뚜라미 맑은 눈이 내는 노래와
짝을 찾는 동고비 애절한 울음까지
하얀 속살이 풀어내는 춤사위는
맺혀있는 마디만 뚫은 것이 아니다
물소리에 실려 오는 피 끓는 소리도
뿌리에 밴 오래된 향기였으니

반달곰에게

 우린 만난 적이 한 번도 없지만
 만나면 부둥켜안고 뒹굴고 싶은 것은 어쩐 일인가
 지리산을 갈 때마다 숨소리 거친 네가
 보고 싶어지는 것은 무슨 조화인가
 산길에서 만나면 피하는 요령이 문제 아니다
 그런데 이 삼복더위에 너는 어디로 숨어 갔느냐
 사방에다 숱하게 걸어놓은 네 이름으로
 공포감이 들기 전에 네가 보고 싶은 것은
 미치도록 가슴에 선명하게 찍힌
 하얀 반달을 껴안아보고 싶기 때문이다
 삼각고지에서 혹은 대성골 닫힌 등산로에서
 불쑥 다가와 손 내밀어 준다면 그냥
 네 간직한 반달 가슴에 안기고 말 것을
 도피는커녕 너를 만나고 싶어지는 것은
 현수막으로 눈에 익은 반달 때문일 거다
 멋모르는 즐거움으로 숲속에 걸린
 숨은 그림으로 눈에 선한 작은 몸집 때문일 거다
 네가 방황하고 있는 골짜기 바위틈 아래

어디에 가면 만날 수 있을 것이냐
만나면 도망칠지라도 마냥 그리운 것은

고사목에게 · 1

쉬어가는 제석봉에서 너는 늘 그랬다
따가운 햇살로 깊이 남은 피 마저 말리고
차가운 별빛에 영혼까지 씻어낸 뒤
높이 걸린 마루금을 혼자서 갔다
눈치 없게도 나는 마른 몸에 등 기대고 앉아
갈 길을 타박이나 하던 일을 생각하면 부끄럽고
갈 길이 남아있어 좋지 않느냐고 말하지 않았지만
너는 어디론가 떠나고 싶은 마음을 바람에 실어
몰래 우는 깊은 울음을 나눠주었다
그것도 모르고 오지 않으리란 다짐으로
바람 따라 휑하니 떠나온 등받이가
떠나온 뼈에 사무치도록 그리운 것은
달빛에 배어나는 푸른 서슬 때문이 아니라
누워서도 잠들지 못하는 몸뚱어리, 징그럽게
백골이 된 몸으로도 쓰러지지 않는 너와
네 이웃들 하얀 목마름 때문만은 아니었다

고사목에게 · 2

네게 꼭 한번 말 붙여 보고 싶었다
해마다 제석봉을 가는 이유다
뼈마디로 남은 네 몸에
배낭 기대놓고 쉬는 이유다
지나칠 때마다 아픔을 앓고 있는 네게
그러나 말 한 마디 붙여보지 못하고
종내에는 떠나오고 말았지만 나는
쉬이 포기하지 않았기에 다시 갔다
안개 속에서 네 말소리를 들었다
그러나 끝내 답을 주지 못했다
그러던 네가 홀연히 떠나고 말았다
알 수 없는 게송을 뿌리에 남겨놓았기에
내게 제석봉이 더 높은 이유다

멍둥이 —산복도로·4

강 영 환

무둥을 타고 아이야
바다를 보아라

네 눈의 높이까지 바다를 이끌고
바다 속 깊이까지 속속들이
제 방울 타고 넘는 속마음을
무둥을 타고 아이야

우리들이 지닌 수족으로 갈 수 없는
수면 위로 명멸하는 금의 나라
지쳐 선 등대
당 너머에서는 무엇이 이루어지는가를
꿀 먹은 눈으로 순장해
키 작은 아이에게 일러주며
무둥을 타고 아이야

시집 『산복도로』 중에서

POST CARD

친구와함께 구덤으로

600-013 부산중구중앙동 3가 14-1(3층)
051-464-8716, 018-212-3648

고운동 피라미에게

말 못하는 어린 식솔을 챙겨 떠났다
달빛에 은린을 숨기던 몸짓
그러나 다시는 볼 수 없다 나는 안다
타향에 낯선 두려움도 붙들어 맬 수 없던
깊은 밤 숲의 정밀을 부수던 폭음
집을 쓸어 가버린 흙탕물, 골짜기는 마르고
용서하라 오죽했으면 그랬을까
대대로 물려받은 삶터를 떠나야 했던
얼마나 참내해오다가 훌훌 마음 털고
떠난 네가 간직한 독한 마음을 알겠다
산을 무너뜨리고 물길을 가로막은 일이
네 눈에 칼금이 되었다는 것을 안다
그래서 미안하다 네 후손에게 깊어져
용서를 비는 손조차 아프다 그래도
용서하라 백번이고, 그리고 돌아오라
돌아오지 못하는 네 독설을 안다
떠나지 못한 배가 널 기다리고 있다

길을 건너지 못한 고라니에게

발 빠른 네게 낯선 길인 줄 몰랐다
성삼재 넘어가는 길을 건너기 위해
작은 눈을 몇 번이나 두리번거렸을까
떨리는 몸 숨겨줄 풀잎 하나
부드러운 흙 한 줌 없는 곳을 지나
맛이 좋은 피안에 닿기 위해
혼신의 힘으로 달렸을 테지만
못 미치는 그곳이 무덤이 되고 말았구나
형체도 없이 갈갈이 찢겨진 몸은
발자국 남기지 못한 발가락만 덩그렇게
무딘 발톱을 하늘로 세우고
차가운 길 위에서 햇빛을 움켜쥔다

산은 건너지 못할 강이 아니기에 네게는
캄캄한 밤에도 낯선 길이 아니었다
꼭 한번쯤 닿고 싶었던 피안을 앞에 두고
목마른 눈을 감고 말았으니 누가
산을 갈라 죽음을 쌓고 있는가
그렇게 너는 말하고 있었지만 쉽게

말 못하는 주검으로 벌써부터 누워
연약한 눈은 초점을 잃었구나
그런들 무슨 소용이 있으랴 아직도
횡단보도 앞에서 길을 건너지 못하고
망설이고 서있는 섬약한 맨발은
가는 먼 길을 네게 묻지 못했다

덫에 걸린 멧돼지에게

굶주린 식솔들은 어디를 걷고 있을까
멀리 가 주었을까 그리고 배는 채웠을까
어둠 속에 새끼를 데리고 하산하여
텃밭 고구마 몇 알 파먹으려다
숨겨진 무쇠 덫에 걸렸을 때
악을 질러 새끼들을 피신시킨 뒤
벗어나지 못하고 기진해 쓰러졌다
오도 가도 못한 채 남아 울부짖어도
곁에 와 주는 이웃은 없다
몸부림은 발모가지를 더욱 죌 뿐
덫에 걸려서 보낸 무수한 울부짖음
굶주린 식솔이 떨지 않았는지
어디에서든 걱정하지 마라 눈물이 아니다
다시는 배고픔이 주는 유혹에 빠지지 않고
앞서서 산정을 당당하게 가리라
달이 기울고 별이 흘러 강이 되어도
떠날 수 없는 몸이 숙면으로 깊어질 때
몸 구석을 찾아드는 한기가
돌이킬 수 없는 깊은 덫이다

낡은 거미집에게

산 속 신새벽에 눈곱을 뗀다
내원골 섭렵하며 내원재에 오를 때
참참한 거미줄이 얼굴에 닿았다
밤새 집이 한데서 얼었구나
꺾어 든 산죽 한 줄기 휘저어
애써 지은 집을 무너뜨렸다
미안하다 허리 굽히지 못하고
짧은 내 길을 가기 위해
네 집을 무참히 쓰러뜨린 뒤
쉽게 오를 수 있던 산정이기에
악다구니 한번 내지르지 못한
네 역경들이 숱하게 무너졌다
숲에 들수록 달리던 길에
저항하지 못한 네가 오래도록 남아
가슴에 멍이 되었다 용서하라
한 번 지나가는 내 길을 위해
나를 매다는 대신 무너져야하는
그대 섬약한 순간을 기억하마

도장골 거미줄에 걸리다

거미줄 빈집에 걸려들고 말았다
손 뒤에 얼굴이 걸리고 가슴까지 걸려
땅을 떠난 발이 이슬처럼 버둥거렸지만
낡은 집을 쉽게 벗어나지 못하고
허공에서 몸이 흔들리고 있을 때
주인은 쉽게 다가와 주지 않았다
아무도 지나가지 않은 신 새벽
폐기 처분된 지 오래된 거미집에
숲에 미친 몸이 걸려든 것이다
외마디 비명도 소용없는 외진 곳
손발이 묶여 손을 쓸 수가 없다
공중에 지은 집을 벗어나지 못했다
몸을 빼내지 못하고 굶주려 있을 때
거미도, 이웃도, 바람도 마다한다
몸에 남은 온기를 마저 다 빼 주고
마지막 물 한 방울을 뚝 떨어뜨렸다
서녘으로 불려가는 마른 가랑잎
나뭇잎 부스러기와 함께 집을 벗어나
빈 허공에 허물을 벗어놓고 홀로
쉬이 숲으로 가버린 이는, 누구?

피아골 낙엽에게

떨어져도 돌아 갈 곳이 없는 너를
바람은 깊은 수렁으로 등을 떠밀었다
나무에서 떨어져 돌아가지 못한 채
이 땅 저 구석을 홀로 맴돌게 했다
떨리는 손 잡아 줄 가슴이 없어서
너는 목마르다 소리 내지도 못했다
설혹 들어 줄 이 있다 해도
이곳 피안까지 다가올 수 있는가
내던져진 피눈물이 말라붙어
붉게 물든 것이 죽을죄가 되랴
물들어 떨어진 것이 무슨
어제 오늘 일이던가 그게 아닌 것을
네게 가기 위해 꽃단장한 것이
이 깊고 어두운 골짜기에서
무슨 소용에 닿을 수 있을까만
네 곁에서 마른 목에 침을 넘겼다
떨어진 네 보다 더 가야할 길이 먼
물소리에 귀를 세우다 보면
등 떠미는 바람 같은 건 귀찮은 일
푸르게 살았던 기억들로 넘쳐났다

백무동 가을나무에게

힘겹게 키워 온 잎에 오지랖이 넓을수록
그대 남긴 빈자리는 크고 슬프다
나무 지나온 열정이 뜨거울수록
지상을 구르는 잎은 더한 피투성이다

어느 한 날, 불현듯 지상을 떠나기 위해
숱한 나날에 몸을 가볍게 했다
온 힘을 다해 색을 덜어 낸 뒤에도
떠난 파랑새가 돌아와 울어 줄 때도
무심히 잎을 떨어내고 있지만
잎, 잎 마다 둔 눈이 무거워졌다

다시는 돌아가지 못할 집이기에
떨어진 잎마저 훌훌 흩어버리고
제 갈 길로 미쳐가는 바람을 따라
발자국 지우며 더 깊이 떨어졌다

끝없는 산

후박나무숲을 지나면 산이다
산을 보면 다시 오르고 싶다
올라서면 다른 산이 가로 막을지라도
사정은 도달할 수 없는 유도피아나
지상에 서서 자꾸만 별을 향해 발을 뻗듯
산은 도달할 수 없는 그리움이다
나무 등걸 사이 출렁이는 바다가 보이고
아침으로 가는 밝은 길이 나있다

매일 자라는 숲, 층계를 오를 때마다
발바닥에 꽃이 피고 머리 위에 새가 난다
산 너머에서 부드러운 날개가 날아올랐다
가시덤불도 푸르게 살이 쪘다
산이 나를 불러 내가 산이 될 때까지
다시 산에 올랐다 풀빛이 돌아오고
다 오른 뒤에도 산을 찾아 사방에 갇혀
습관처럼 그 안에다 발자국을 찍었다

중봉에 오르면

중봉에 오르면 쉬고 싶다
등짐 벗어 피곤한 팔과 다리를 뻗고
중봉골 긴 긴 숲 그늘을 벗어나
햇빛 쌓인 산정에서 함성을 트고 싶다
써레봉 작은 길 위에서 억새풀 할큄과
가시덤불에 옷은 찢겨지고
살이 터져 피가 흘렀다 그러다 보면
아득한 산 아래 중산리, 버리고 싶다

더 높은 곳 상봉으로 고개 들어
노을 꺾어져 사라진 반야봉 하늘로
고통의 노래는 혈관을 타고 갔다
밤은 차갑게 낙엽송 진 잎을 적셨다
자갈밭과 모래뿐인 산꼭대기에서 목마르고
그늘도 풀벌레 울음도 없는 곳
돌아가 지친 몸 벗어, 쉬고 싶다

오래 머문 중봉에 눈이 내려
가시덤불과 억새풀 쇠비름 강아지풀까지

뼈만 남아 눈에 덮일지라도 바람 불어 와
다시 일어서 출렁거릴 봄은 멀다
뿌리에 남은 온기는 어디에 숨겨둘까
바람에 불려 갈 뻔한 일 앞에 두고
지고 있는 짐 모두 벗어 놓은 채
중봉에 오르면 깨지 않을 잠, 들고 싶다

장터목 여름

다시 가슴을 열고 땀을 퍼냈다
고사목 등에 진 제석천이 허기져온다
지친 나를 어디에다 앉힐까
메고 온 배낭은 어디에다 걸까
서늘한 매미가 소나기를 때린 뒤
가슴을 열고 빛을 퍼간다
목마른 산희가 눈물도 사라진 언덕 장터에
물물교환도 없는데 사람들은
무슨 일로 높은 곳에 모여 들까
거대한 산장에 비집고 들어서는 별빛들
산길도 운행을 멈추고 휴식 중이다

*산희:장터목에 있는 샘 이름

제 13 부
밑 빠진 독

벽소령 홀로 뜬 달에게

나의 애인이거나
그의 애인이 못 되거나

하늘의 딸이거나
강물의 엄마가 못 되거나

해말간 낯바닥에 숫처녀 밤 마실 나와
구름과 바람 피워 애 낳을까봐

우물 하나 깊이 파서
누구도 몰래 감춰 두고 싶다

산 흐리고 비

삼박사일 종주 배낭을 꾸리는데
아침 뉴스에 촉촉하게 묻어오는

월악산도
치악산도
지리산도

전국 주요 산 오늘 날씨가
자막마다 폭풍우 몰아쳤다

배낭 메고 나가는 등 뒤에서
마냥 비 쏟아져도
쉽게 내린 결정은 늘 편하다

도착하면 그치겠지
오르다 보면 끝나겠지

죽은 뿌리에게

깊이 묻히지 못해 몸 드러내고
지나는 발자국에 짓밟혀 껍질 벗겨진 뒤
쉽게 죽은 뿌리가 되었다
숨이 지내야할 몸 숨기지도 못하고
햇빛에 드러난 발가락이 바래져 구부러지고
통곡도 없이 떠나고 말았다
높은 곳에 매달린 잎들의 찬란한 반짝거림도
밤낮 쉼 없이 펌프질로 퍼 올리던
청정한 네 진땀이 아니든가 가문 한 때
잎잎이 보내오는 다급한 구조신호가
속수무책, 어쩌지 못하는 안타까움으로
몸은 구부러지고 뒤틀려서
굳어진 팔이 발끝에 채이기도 하지만
밤이면 하늘이 내려주는 이슬로 목을 축여
별이 가는 길을 어깨에 새기더니
곡기도 끊어버리고 말문도 닫은 채
절로 마른 장작이 되었다
물 한 방울 길어 올리지 못한 빚더미가 남아
길을 묻어 두고 몸을 드러냈다

더 가진 것이 없어서 숨을 곳도 없이
뿌리 채 뽑아 가도록 몸을 내었다
스스로 흙을 끌어다 덮지 못한 채 나무는
더 깊은 곳으로 다른 뿌리를 내리고
드러난 뿌리를 곧 버릴 것이지만
박제된 의식은 화석을 꿈꾸지 않았다

그리운 후박나무숲

산 고운 몸이 간직한 오솔길 끝에는
마음 두고 싶은 방이 따로 있다
연초록 밀어로 날 사로잡는
생 머리칼 곱게 빗어 넘긴 후박나무가
밝은 얼굴로 손 흔드는 그곳
발끝으로 지나가는 햇살이 간지럽고
귓불 스치는 미풍에도 꿈쩍 않는
눈빛 맑은 조선 여인
그 몸에 들어 살고 싶다

눈에 살고 싶고
입술에 살고 싶고
살에 살고 싶고

그렇게 마음 두었더니 하루도 못 넘기고
온몸 저리는 안달이 난다 사랑아,
후박나무숲으로 가자 그대에 젖어 숲이 그립고
숲에 젖어 그대 향기롭다
네 숲에 드는 투명한 그리움으로

춤추는 지붕 밑 그늘에 담겨
눈에 나는 머리칼 향기에 내내
흔들리는 내 마음을 두었다

쑥밭재 구절초

산길 이정표 위에 녹슨 철모가 걸려있고
가지 않는 길옆 구절초가 몸짓을 했다
눈길 받지 못해 가늘어진 몸에서도
맑고 고운 웃음이 피어날 수 있다는 게
얼마나 오래 간직해 온 산의 뜨거운 손짓인가
푸른 철모는 녹이 슬어 숲이 되고
녹물 뒤집어 쓴 흙이 산이 되었다
황토 흙에 뿌리박고 키가 큰 구절초가
하얀 입술로 말하는 손짓이 있어
녹슨 철모가 산이 되어 가고
곁에 선 꽃이 지천으로 웃음을 퍼뜨렸다
얼마나 손 떨리는 하늘 밝은 눈짓인가

법계사 걸망

높은 암자 아침 예불을 끝낸 스님은
뒷짐 진 눈으로 먼 산 연무 피워 올리는데
청명함이 안개를 걷어오는 새벽 산길에
그리 바쁜 일이 기다리기라도 한 듯
속세로 허겁지겁 내려가는 외길 가에서
어깨에 무겁게 짊어진 걸망을 내려놓고
되먹지 못한 소리로 목청껏 음풍하는 노인이
더덕 옷을 입었는지 온 몸 싸고도는 향이
나를 보고 미소를 빙긋 보내준 눈이 깊다
그 눈에 들어 잠간 산에 든 일도
산을 내려가는 이유도 다 잊어먹고
훤하게 그냥 한번 따라 웃어봤다

백년 안부

키가 커서 만날수록 옆집 총각 같던 나무
메마른 비탈에 그늘 드리우고 서서
지나가는 묽소리에 눈썹 날려 주고
머리끝에 새들 불러 앉혀
시원하게 상봉 우러르던 이마다
가지에 바람 많이 시위하던 때
뿌리 채 뽑힐 고난을 무릅쓴 채
온 몸 흔들며 구름을 환호해 주었는데
삼나무 모가지는 누가 잘라갔을까
흔들리지 못하도록 둥치만 남겨놓고
사태 지는 순두류 언덕에 서서
한줌 흙 움켜쥐고 살던 푸른 출렁거림을
누가 수월케 그리 잘라 냈는가 아니면
알 수 없는 험한 일에 앞장서서
스스로 삼나무는 누굴 대신 했을까

*순두류 : 중산리에서 법계사로 오르는 우측 계곡입구

먼 산 바라보며

상봉 오르막은 이제 쉬어 갈 때도 되었다
8부 능선 돌아선 마지막 한 고비
절정 앞에선 한 숨 돌리고 가야지
그렇게 정신없이 달려 온 길은
가파른 계단을 벗어나려 함이 아니었든가
뒤돌아보아도 보이지 않는 들머리에서
중봉골 숲 그늘 아래 물소리도 재잘거리며
그렇다하지 않든가 이제 들어보라
이 높이에 올라서까지 마음 비우지 못하면
천왕샘이 금새 마르기라도 할 일인가
제석봉 고사목이 쓰러지기라도 할 일인가
그런 일 없으니 이 높이쯤에서 그대
발을 쉬게 하라 너무 오래 걸어 왔다
천왕봉이 덕유산으로 도피해가지 않을 터이니
개선문 앞이나 전망 좋은 너럭바위에 앉아
한 숨 돌리고 또 한 숨 돌리고 그런 뒤에
눈으로라도 달뜨기능 능파를 따라 가보라
출렁이는 마음이 한번쯤 노래가 되도록
오르막도 꿈길이라는 걸 알게 될 터이니
이쯤에서 그대 쉬어 갈 때도 되었다

대성골 참나리

누가 나를 애타게 그리워하는 걸까
지우지 못하고 흐르는 마음에 못을 박는
이제는 아물어 딱지가 앉은 상처를
다시 집적거려 붉은 꽃을 피우게 하는 이
그 누굴까?

가슴 저미는 안쓰러움이 자리하지 못하고
밤 내내 검은 숲을 떠돌다가
아침 창가에 밀물져 오는 속 쓰림
서늘한 오한으로 되살아나는 누가
누굴 다시 애타게 그리워하는 걸까

숲에는 나를 잠 못 들게 하는 누가 있어
어둠 속에 일어나 앉아 별빛을 헤아리다
구겨진 산행지도를 무릎 위에 다시 펼치고
낡은 배낭을 꾸리게 하는 이
십년 전 만난 훤한 이마 그 누구였을까?

내게도 봄이 있더라

온 몸에 싱그러운 풀냄새 펄럭이며
깃발을 끌고 오는 빛이 뒤집혀
남녘 바다에서 한 번 더 출렁거렸다
물결들이 끌고 오는 맥박 속으로
성난 한 무리 검은 눈보라를 보라
바람도 아니고 애증도 아닌 그것들이
살아있는 몇 개 풀잎을 흔들고
꽃샘 눈을 지나 다시 눈을 떴다

겨울 숲에 맨발로 들어 생강나무
봇물처럼 터져나는 비릿한 봄 가지
젖은 살내 맡는 2월은 숨이 차다
손들어 환호하는 생강나무 어깨위로
구름 그림자 환하게 걷혀 지나가고
속곳에 감춰둔 비수를 꺼내
당단풍 묵은 살갗을 푹 찔러
고로쇠 콸콸 쏟아지는 혁명이다

숲-사랑

삵괭이 도주해가는 반야봉 숲속
산 그리매는 알 수 없는 깊이로 다가 섰다
등성이에서 일제히 날아오르는 아침 새떼
쌍계골 대숲에서 되새로 날고 싶은 나는
검은 숲 갈퀴 위에다 발자국을 벗었다
성미 급해 저며 오는 가슴을 안고 뒹굴다
생나무 타는 소리로 살아나는 밤
저문 언덕을 넘어 흔들리다 울부짖다
숲속 바위언덕에 올라 깃털을 고른다
그러다 끝내 날지 못하는 나를 돌아보는
붉은 털 늑대, 한 그림자를 벗고
눈을 빼 섬진강 깊은 물에 던져 넣었다
노을이 강을 건너다 익사체로 떴다

치밭목이 그리워서

까짓 거 뭣이 그리 어렵나 떠나서
남강댐에 낚시나 담그지 뭐
치밭목 지키는 일보다 쉽지 않겠나
찾아오는 후배 놈 성미 급해
눈밭에 엎어져 부러뜨린 코뼈 보는 것보다
수월하게 붕어매운탕 끓여놓고
기다리는 세월도 잊고 더 낫지
안 그래?

그러나 모가지에 숨 붙어 있는 동안에
치밭목 내치라는 말은 말게
보다나은 무료 얼마든지 숨겨 가졌으니
농이라도 부디 그런 말은 접어두게
가도 가도 못 잊을 치밭목은
뼈 묻을 내 본향 아니겠나?
안 그래, 잊지 말게

마음 안에 지리산을 들이고 싶다면

마음 안에 지리산을 들인다고
두 눈에 가두어지진 않겠지만 혹여
그럴 맘이 조금이라도 있다면
일찍 그만 두는 게 좋을 게다
한번 마음에 넣게 되면 그 산은
두고두고 마음 아프게 불현듯
물소리에 정수리가 솟구쳐 오르고
몸을 온통 단풍 들게 만들 테니

녹 슨 탄피를 가슴에 박고 산
큰세개골 구상나무는 소리마다 통곡이고
법천골 부러진 칼은 이슬에 닦여
날이 갈수록 더 서늘해지거니
지리산에 들어 산이 된 사람들이
아직도 하산을 못하고 있다하니
어디 그런 일이 그대 아는 것뿐일까
언제나 쉽게 그대를 불러들일 테니

지리산을 마음 안에 들이지는 말게

건드리면 쉽게 눈물을 보게 되는 산을
자주 가다보면 절로 든 정을 뗄 수 없으니
그래도 그 산을 마음 안에 들이고 싶거든
벙어리 되어 삼년 쯤 냉가슴 앓아
삼년 뒤에도 그렇다면 어쩔 수 없어
그때 들여도 늦지 않을 터이니
내가 말리더란 내색은 하지 말고

숨어살기 위해

'세상 더럽다'고 숨어 살기 위해
허공달골 어름터에 깊이 들었다가
녹음에 세수한 뒤 빈찍 눈을 떴다
물소리에 닫힌 귀를 열고
한참을 떠내려가다 머리 부딪혀
덩치 큰 바위를 깨우쳐 주었다
처녀인 산을 가다 보면
바람소리에 취해 넘어지기 다반사고
온갖 벌레와 새들, 죽은 나무들
숨어사는 짐승들이 달려들어
이웃하는 내가 아는 지리산은
숨어사는 곳이 아니란 걸
발이 일러 몸을 깨우고 살았다

지리산에 못 든 나에게

얼굴이 어째 밝아 보이지 않는다
발걸음도 무거워 보이고
눈에는 초점이 없는 것이 쯧쯔쯔
일기예보는 네 발목을 잡지 못한다
비록 들머리에서 폭설로 거절당할지라도
출발을 멈추는 법은 아예 없다
이 악물고 기를 쓰고 가던 산이기에
폭풍우 속에서도 친구나 아내 대신
함께 술잔 나누던 막역한 사이다
뜻하지 않게 날아든 가까운 이 부고는
산행을 외면할 수 없는 족쇄가 되겠지만
너는 지리산 때문에 아직도
연고를 떨칠 수 있는 산꾼은 되지 못한다
그립다 지리산이, 그립다
말로만 입속에서 지껄이지 말라
걸음이 어째 가벼워 보이지 않는구나
지리산이 기다려 준만큼
산에 가야할 입맛부터 챙기는 게 순서다

산거렁뱅이를 어찌할까

가도 가도 지리산은 산이 고프다
눈으로 먹고, 코로 먹고, 귀로 먹고…
가슴으로 먹어도 자꾸만 찾아드는
깊은 허기를 채울 수가 없다

내 안에 몰래 들어 숨 죽여 온
산 비럭질로 사는 거렁뱅이 하나를
어찌 할까 이를 어찌할까
쫓아내어도 나가지 않는 패악질을

마루금을 걸어도 고파오는 지리산이
내 길이 아닌 듯 싶다가도
살기 위해서 다시 골짝에 들어야하는
내 안에 천형을 고칠 수가 없다

버릴 수 없는 이 고질병을
허기져 맥 못 추는 길거리에서
내게 주면 나를 어찌 할까
다들 쉽게 가는 지리산을 어찌할까

산동 산수유

애 절어 석달 열흘 기다린 뒤에 다시
사흘 밤낮 잠간 내린 봄비에도
터질 듯 터지지 않는 꽃봉오릴 보면
겨울가뭄이 남긴 상처 깊이를 알겠다
여인이 품어 온 수심 두께를 보겠다

꽃이 가슴을 열게 하는 것은
목마름에 기다렸던 비가 아니라
흙이 간직해 온 숱한 피라는 것
피가 철철 넘치는 손이라는 것
젖먹이가 풀어 헤친 가슴이라는 것

비 온 사흘 뒤에야 비로소 방긋
겨우 한 송이 벙근 노랭이가
나비에게 살짝 일러 준 귀엣말
어느 새 모두 귀를 열었는지
여저기 풀어헤친 입술들이 온통이다

자벌레에게

도장골에서 만난 자벌레는
좃대봉을 향해 가고 있지만
온몸 구부렸다 펴는 오체투지에
곁에 선 마가목이 잎을 토했다

산에다 누가 댐을 쌓기라도 할까
강에다 누가 운하를 만들기라도 할까
4대강 모래를 헤쳐 키조개를 죽이기라도 할까
가난한 자를 핍박하고 부자들을 위해
콧노래를 흥얼거려 주는 이가 있을까
물대포로 타는 촛불을 깨뜨려 버릴까

물음에 답하는 네 요량은
한 걸음 걸음마다 절실함을 담아
이 숲에서는 그 누구도
몸으로 가는 네 길을 막아서지 못했다

국골에 내리는 비

물방울이 시간을 방어하는 숲에서
비는 저물 무렵을 지나 몸을 적셨다
우의를 뒤집은 바람이 비를 알려왔기에
국골 젖은 숲을 두고 돌아 나왔다
긴 터널을 지나서 집에 왔다
숨소리가 멎은 발바닥 국골을 깎아낸 뒤
아픔을 느끼도록 내 살을 받아 마셨다
버리고 온 것이 하나 둘이 아니어서
국골은 잃어버린 아픔으로 비를 부르고
숲에서 돌아 와 멈춰 서 있는 신발이
껍질뿐인 나침반을 벗어 터널에 던졌다
다시 돌아갈 채비를 서둘렀다

시간 죽이기

대성골 물가에 앉아
흘러가는 물을 들여다보면서
성미 급한 시간을 한번 떠내려 보내고
나를 죽일 수밖에
그런다고 시간은 두 번 죽지 않겠지만
제 풀에 꺾여 끝을 세우지는 않겠지만
그러는 동안에도 시시각각
시간이 세운 날 끝이 다가 왔다
방패로 막을 수 없는 날카로운 시간은
내 흉체 앞에서 예각을 꺾지 않았다
잠에 빠져 잊어먹는 수밖에
느릿하게 걸어서 버리는 수밖에
아니면 외면하여 상대하지 않는 일로
날을 세운 창이 시시각각 왔다
물 위에 한 번 더 시간을 놓았다

가랑잎

가랑잎은 스스로 가랑잎이 되어
가지를 떠난다 이 겨울에
떠나는 것이 어디 가랑잎뿐이랴
엷은 가슴, 가슴끼리 부둥켜안고
남김없이 발자국을 지우며 갔다

어린 이웃 말 못 해 쓰러져 재로 떠난
회나무 등걸 젊은 불티는 두고라도
강물 못 다 이룬 사랑은 작은 사설까지
마지막 남은 겨울 햇살을 데리고
물소리를 밟고 길을 떠났다

황토 거친 땅 그 누구도 없이
천 년 전에도 가랑잎이 지듯 그렇게
만년 뒤에도 지나가는 바람 속을
떠도는 것이 어디 가랑잎뿐이랴
홀로 남겨져 가는 그대뿐이랴

흔적 40

손짓하여 산이 부르지 아니해도
폭우 쏟아져 하늘로 솟구치는 칠선골에서
바위 구르는 소리로 울음 드리라
장터목 넘는 겨울 북풍 휘파람소리로
휘돌아 들어 청정하게 법천골을 깨우리라
피아골 긴 골짜기에서 이제는 돌아 와
와운골 곧은 솔가지, 연곡사 붉은 동백으로
산자락에 엎드려 뿌리내린 순절이여
미명에 잠긴 새벽 별로 가지를 뻗치려니
쓰라린 공복의 나날들이 떨어져 갔구나
번개 불에 산 무너지는 우레 소리로
벼랑 섬에 몸 깨어지는 해일로
부르지 않아도 일어나 답하리라
산이 지칠 때까지 엎드려 외치리라

숲을 헤매다

어디로 가야 할까 그대는
벌판을 지나 온 겨울 숲에게 말했다

'숲은 내게 낯설다
 포복하지 않으면 무너져 내린다'

그 말을 따라 도요새가 멀리
그리고 높이 날아갔다
새의 발자국을 따라 갔다
날개 짓에 숲이 무너졌다

'가는 거다 홀로라도 숲에
 싸늘하게 식어가는 발을 낙엽에 묻고
 굶주림 깊이 잠입해 가는 거다'

그대 숨어 든 낯선 숲이 나를 불러
봄 숲이 환하게 내게 왔다

솔숲은 너무 밝아졌다

솔숲은 내게 너무 밝아졌다
어두운 내 마음자리에도
씻기지 못한 침엽수림이 날카롭게 돋아
솔숲에 들면 스스로 몸을 낮췄다
헌 신발 벗고 찬바람 속에다
아랫도리까지 홀랑 벗어
침엽수림이 지우는 물결을 탔다

벌목꾼 지나간 오랜 뒤에
낯선 땅, 남은 밑둥치에서
따뜻한 기운으로 움트는 침엽이여
서늘한 기운이 뿌리로 내렸다
아무도 톱질하지 못하리라 다짐하는
솔숲 가까이 와서 우는 동박새
나무는 내게 너무 밝아졌다

윤삼월

빈 것으로 가득 찬 삼정산 겨울 숲에
풍만한 살빛이 당금당금 벽소령을 넘어 건너왔다
남녘 물빛이나 제대로 눈에 넣고 올까?
괜스레 떨어지는 너스레를 어쩌지 못했다
윤 삼월 챙기는 배낭 속 빈자리에도
접동새 울음이 돌아 나오고
땀방울 뚝뚝 힘들여 오르던 광대골
생강나무 꽃가지 방금 돋은 노란 햇살에도
마음 빈자리에 생기 있게 흔들리면서
가슴으로 돌아오는 때깔이 분주하다
이 맛에 가슴살이 탱탱해지는 봄
곰팡이 핀 배낭 등가죽에 싹이 나면
온 몸 가려움증 솟구쳐 움을 틔우고
양지 바른 백무동 길을 앞서 갔다

마가목이 동쪽으로 갔다

매미 울어 큰 물 지던 지리산
연동골 낡은 집이 쉽게 떠났다
물은 거품을 물고 돌아늘 가고
낮은 새들은 꽁지를 물에 담갔다
언덕 위 옛 집터에 든 현호색 들풀
그대 옷섶에서 마른 혼이 탔다

바람을 타는 불은 죽고
숲을 흐르고 있는 것이 너의 넋인가
손 시려운 나무의 이름인가 이 땅에서
소용 닿지 않은 삭정이를 모아
벌판을 태워가는 연기는
흐려진 꼬리를 남기고 동쪽으로 갔다

집이 떠난 젖은 골짜기 쥐똥나무 가지에
폐비닐은 상복처럼 펄럭거렸다
마가목이 옷을 벗었다 소리 없이
노을로 가는 서쪽 가지 위에서
매미도 허물을 버리는 중이다

고사목 마른 숲에서

고사목 마른 숲 그늘
베어지던 슬픔 나누어 가지고
도드라진 발에 입맞춤 한다
귀 먼 물소리는 등 뒤에 남고
푸른 숲은 훌쩍 가버렸다
후투티 놀던 나뭇가지 꺾이고
발끝으로 서서 붙잡을 수 없는 젖은 숲 속
고사목 홀로 떨며 웅크리고 서있다 새여,

따뜻한 입김이 뿌리를 녹이고
길게 나누어 보는 입술
옆에서 지켜보는 이 샘나도록
두 팔 껴안고 나눠보는 체온
봄을 가는 연약한 뿌리를
연하게 뒤틀리는 허리
치마 올린 색 짙은 바람
골짜기에서 쉽게 요분질 치는 날

밑 빠진 독

남몰래 지리산을 퍼다
해마다 수십 차례 넘게 날랐지만
내 집은 아직 비어 있다
산으로 가득 채우고 싶은 집이
속을 뒤집어 내게 보여 준다
배고픈 방은 문을 열고
능파 출렁임에 푸른 굶주림이 크다

밖으로 날 밀어내기 위해
배낭은 운행 장비를 꾸려 넣고
현관에서 우뚝 서서 내 눈을 끌었다
몸 세우고 나무하러 산에 가듯
등 떠밀려 집을 나서면
모든 걸 다 내어주고 있는
늘 기다려 주던 지리산

참을 수 없는 욕구가 열을 받으면
온몸에 피어나는 산 버짐을
무슨 재주로 피해갈 수 있으랴

산을 퍼 날라도 다 채울 수 없는
밑이 빠진 내 집을 어찌할까
깊이를 알 수 없는 시커먼 독은
암만 들여다보아도 산울림만 배배 꼬이는 걸

허공달골

마가목 숲을 불러 춤추게 하고
질경이 시든 잎에 듣는 빗방울
소리 내 모여 든 여울 가에
물잠자리 이웃하여 물봉선이 피었다
곁에 선 대팻집나무가
단단한 속을 간직하는 법을 일러
쉽게 떠나는 물을 배웅하였다

벼랑 끝에 하늘을 걸줄 아는 솔개도
깃털을 다듬고 집에 들었다
깊어진 뿌리에 닿을 수 없는 너덜겅이
멈춰 선 물가에서 발을 씻었다
후박나무 잎을 때리고 가는 빗방울
지나가는 달을 웅덩이에 붙들어두고
고이지 않는 비법을 일러 주었다

홍시

반천골 과수원 길을 따라 주산에 가는 길
과수밭에는 따지 못한 홍시가 매달렸다
건드리면 툭 떨어져 흙으로 돌아가지만
까치밥도 되지 못하고 주렁주렁 여태
까맣게 탄 얼굴로 누굴 기다리고 있을까
속이 타들어간 것도 잊은 채
시린 하늘에는 안타까움만 시퍼렇다

팔려가지도 못하고 떨어지지도 못해
가지에 매달린 채 얼었다 녹았다
수줍던 발그레한 볼은 어디에 팔아먹고
숱한 풍파를 다 겪고 난 뒤
할머니 젖가슴같이 축 쳐져 있지만
속살은 달콤한 꿀맛이라서 쪽쪽
입술이 빨아먹다 죽을 맛을 보았다

소금길 위에서

샘터에 소금정령을 앉혀두지 않았다
오랜 갈증으로 날카롭게 몸을 세운 그는
스르르 샘에 미끄러져 들어
엄청나게 맑은 물을 퍼마실 것이다
물에서 건져 올렸을 때는 이미 늦었다
샘을 못 쓰게 만들고
숲을 날아다니게 할 물의 요정을
숨 막히게 하여 쫓아 낼 것이다

소금창고에서 잘 마른 몸이 젖어
죽은 체 축 늘어지지만
숨도 가누지 못하는 그를 불쌍하다고
샘가에다 널어두지 말 일이다
가늘게 눈을 뜬 소금정령은 언제든지
기회를 엿본다 샘터 가까이 맴돌며
퍼마실 물 생각으로 하얗게 몸을 말려
스스로를 신나게 사랑할 줄 안다

선비샘에 닿다

지친 몸이 가닿은 숲에서 향기가 났다
마구 퍼 주어도 마르지 않는 샘
곁에는 무성한 억새풀과 느릅나무
들락거리는 딱새와 고라니 발자국
귀보다 먼저 코가 찾아낸 물이다
쫄쫄쫄 절제할 줄 아는 물소리가
나를 끌어 와 엎드리게 하였으니
박달나무 단단한 속살을 지켜낸 물이
잎잎 사이로 흘러 온 키를 높였다
돌벼랑 끝에다 하늘을 걸줄 아는 솔개도
숨겨두고 싶은 물소리를 맛으로 들었다
아무도 모르는 그 숲 샘터에 들어
물을 흔드는 바람 난 바람이 되어도
향기에 싸인 물이 손을 불렀다
바람에 흔들리다 떠나는 몸이어도 좋다

급한 볼 일

햇볕 잘 들지 않는 거림골을 가다
멧돼지 새카만 똥 옆에 쪼그리고 앉아
오래 참았던 힘 든 배설을 하고
생강나무 잎으로 대충 밑을 닦아내면
나도 한 마리 짐승이 된다

산죽 헤치고 나서면 밝은 얼굴은
들여다 본 사람이 없을지라도
하늘에 이는 구름은 다 알고 있어서
고개 돌린다고 피해갈 수 있는가
오명은 후손 대대로 남는 것 아닌가

몸에 밴 냄새를 떨어내기에
길에서는 분주한 사람 손이지만
숲에서는 짐승 발이 된다
속 시원하게 부는 바람 끝에도
콧노래로 덮고 싶은 허물이다

산이 울었다

제발 좀, 대낮에 징징거리지 마
태풍이 와서 나무가 조금 흔들리기로서니
덩치 값도 못하고 왜 그러니
네 마당을 가는 내가 불안해서 못 살겠다
골짜기에 물이 넘치고 바위 굴러가는 소리가
예사롭지 않지만 그런다고 네까지 울어대니
숨을 곳 없는 반달곰은 어떡하니?
돌아가 쉴 곳 없는 나는 어떡하니?
사태져 내리는 흙더미 속에서
나무뿌리는 또 얼마나 괴로웠을 것인가
조금이라도 생각해보지 않았니?
산줄기와 산줄기가 서로 다투며 흐른다고
그 새를 참지 못하고 징징거리다니
엄마 잃은 고라니는 누가 위무하니?
널 두고 떠나는 물소리는 오죽 하겠니?
제발 좀 징징대지 마, 만복아

*만복:-만복대를 이름

풀색

그리운 녹색은 먹어도 배가 고픈가 보다
바람피우는 윤삼월 낮은 풀들이
씨앗을 갖기 위해 꽃을 피우고
더 멀리 가기 위해 대나무는 뒤안에서
숱 짙은 머리를 풀고 춤을 췄다
뿌리를 뻗어 가는 색이 더 섹시하다
풍만한 강이 교태에 빠져 출렁거렸다
흰 옷 입은 농부도 국방색에 빠져
이랑을 깊이 파고 씨앗을 숨겼다
산골 제각각 녹음 첩첩한 사이
색에 굶주린 꿩의 노래가 노골적이다
노래하지 않으면 가슴이 터질 것 같아
짝을 찾는 노래에 목숨을 걸었을까
목이 잠겨 내 귀가 피투성이다
벼랑 끝에 집을 짓기 위해
바쁘게 검불더미를 물어 나르는 새
마른 등짝에 풀색이 돌았다
내 마지막 집은 어디에다 지을까

제 14 부
지리산 사람들 2

어산지묘 魚山之妙
―진감 소혜

빛이 강물 위를 지나갔다
아주 쉽고 흔한 일이다
깊은 수심에서 소리가 일어났나
쉬이 떠오르지 않은 소리를 기다렸다
아침 물안개에 취한 은어 한 무리가
물 위로 힘차게 소리를 밀어 올렸다
한 은어가 오르자 또 한 은어가 튀어
숱한 몸이 올라 지은 여덟팔자에
빛은 부서져 흩어지고 그때
하늘에서 온 여덟 마디 소리
강물이 퍼 올리는 음계를 보았다
열렸다 닫히는 순간의 묘음에
옥천사 팔영루가 죄 떠내려갔다

금도琴道
―옥보고

소맷자락에 거문고를 싸매 안고
지리산에 들어 운상원을 열었다
소리를 갈아엎어 산에 맡겼다
가슴을 열고 또한 마음을 비웠으니
가벼워질대로 가벼워진 몸이다

산과 물소리에 통정한 끝에
마침내 금도琴道를 이루었으니
왕이시여, 넘보지 마소서
왕도를 넘어 천상계로 들어서는
돌아보면 훨훨 가는 신선이 있었다

바람소리를 닮은 금도는
물소리마저 흉내 내었으니 어찌
목마름에 다다를 수 있으리오
골짜기에 가둬 둘 수 있으리오
산이 만든 소리는 끊이지 않았다

달을 잡아 두고
―이성계

아름다운 전투는 없다 하지만
달빛 아래 추었던 칼이 흐르는지
인월을 지날 때마다 달은
검은 구름으로 얼굴을 가렸다

산등에 걸린 달이 지기 전에
창궐하는 왜구를 궤멸하기 위해
한 식경이 더 필요했다
지는 달을 끌어다 중천에 다시 걸어놓으니
어두워지기 전 섬멸의 핏빛이
산등 위로 지나는 달을 일시 가렸지만
벌판은 아직도 달빛 아래다

지리산에 끌어다 쓴 달이
아직도 쉽게 떨어지기를 마다해
산문에 들어선 내게도
여태 잠은 쉬이 오지 않는가보다

곧은 낚시
—벽계 정심

불도를 배척하는 칼끝이 턱에 이르자
먹물장삼을 스스로 베 버리고
황악산 물한리에 초막을 지었다
청신녀를 도반 삼아 목숨 부지해
엄천강에 곧은 낚시를 드리웠으니
구름 걷혀 해가 날 때를 기다렸다

불법은 흘러 온 물이고
바위 휘감아 다시 흘러갈 물이어서
멀리서 온 연緣 하나를 거두어
형편없는 나무꾼을 만들어 부렸으니
황악산 문도를 어찌 열까
도무지 걱정 모르는 곧은 낚시질이다

지리산 나무꾼
―벽송 지엄

창검으로 사람 해하는 일은 쉬워도
자신을 죽이기는 어렵다
싸움터에 치닫는 것은 헛되고 헛되도다
공중에 허명만 피로 남길 뿐
심지를 닦지 못한다면 어찌
장부 갈 길이라 할 수 있겠는가?

홀연 갑옷을 벗어 두고
선지식을 찾아 지리산에 들어
곧은 낚시에게 길을 물었으니
나무꾼이 되라 이른다
나무를 내다 팔아 스승을 따르고
3년 시봉에 겨우 법을 얻어
황악 남북에 밝은 길을 내었으니
장부의 칼이 만법에 뜻을 묻었다

연선도인 蓮船道人
—부용 영관

벽송령 넘나들며 길을 닦았다
돌부리도 뽑고 나무뿌리도 제쳐서
짐승 길을 내었다
옷깃에 스치다보면 사람 길이 되겠지

득도 후에도
아미타불 염송을 멈추지 않았으니
새들은 노래를 그칠 수가 없다
나무도 누워서 잠들지 못했다

닦은 길이 묵어 잡풀 우거졌으니
지나는 이 하나 없고
까마득한 고개 마루에 구름이 걸려
사람의 정처는 어느 곳에도 없다

이슬같이
—만인의총

섬진강 곁가지에 총총 이슬이 맺혔다
하늘까지 파랗게 비쳐 보이는 남원성에
단풍잎같이 투명한 얼굴들
이름이 없다고 손발이 없는 것은 아니다

부모가 일구던 묵정밭 내주지 않으려고
괭이자루 대신 죽창을 들었으니
밝은 아침을 기다리며 달빛을 따라
피멍든 맨발로 성곽 위를 걸었다

지상에만 누워 있으란 법이 없다
어둠은 풀잎 끝에 달빛을 걸고
별빛은 이름 위에 길을 열었다
강물은 가지 끝에 피를 씻어 흘렀다

껍질을 남겨 두다
―부휴 선수

매미가 벗어놓은 껍질 한 벌이
산등 신갈나무 몸통을 꽉 움켜쥐고
도무지 숲을 놓아주지 않았다
숲이 물들어 떠난 지 구만리지만
껍질을 남겨 놓았으니 그놈
어디 가서 다시 주인을 찾을까

오백년이 지난 후대에 한 사내가
추운 날씨에 몸을 떨다
그 껍질을 얼른 주워 입었으니
둘러쓴 허물을 벗지 못한 몸통이
천길 벼랑 끝에 매달려
매암― 매암― 매암―

어허, 어허, 거 참
껍질 남긴 업보를 가진 그놈
다시 이 땅에 온대도
지울 길이 막막한 아주 몹쓸
굵고 긴 똥 작대기 하나
짊어지고 갈 수가 없어졌다

붉은 깃발 올리고
—청매 인오

산문에 붉은 기를 내다 걸었다
동구 밖에 발자국 남기지 않는 이를 불러
한로에 내린 서릿발도
꼿꼿하게 산문을 지키는 빔이다

한겨울에 핀 시퍼런 매화는
세속 찌든 문장에 빠지지 않으려고
불법佛法 속을 걸어 다녔으니 그가
바람 앞에 선 촛불을 건져내었다

왜구로 나라가 위태로울 때
아무 짝에도 소용없는 책상머리를 물리고
창검을 높이 세운 뜻이 애초
지리산 골짝마다 함성을 텄다

손가락 끝에 달
―소요 태능

손가락 가리킨 달을 봐야하는데
달을 보지 못하였으니
손가락 끝이라도 봐야할 것 아닌가
이러지도 그러지도 못했으니
새삼 달을 가리킬 것은 무엇인가

달을 꼭 봐야 할 일이라면
손가락 끝을 따라가지 말고
제 마음을 따라가다 보면
허공중에 걸린 달도 보겠는데
마음에 없는 달을 어찌 볼꼬!

손가락은 달을 가르키지 않았다
배고프면 밥 먹고 누워 뒹굴고
잠이 오면 엎어져 코 골았을 뿐
달은 뭔 놈의 달인가! 뒤늦게 안
글자 속에 달이 아니었으니

왕우군을 따라가면
—각성

묘봉 흘러내린 능선 끝에
칠불암을 숨겨놓고 오래
맑은 왕우군 그림자를 따라가면
흐트러짐 없는 한 점 획에 이르렀다

초서든 예서든 상관하지 않는 아자방에
길을 묻는 한 나그네가 들었으니
삼천 의승군 창검 소리에 능히
산문 밖이 적요에 빠질 것이다

사람이 때를 기다리는 것이 아니라
때가 있어 사람을 불러들이는 것이니
물 든 나뭇잎에 마음 빼앗겨 잠시
창검에 책상머리 서법은 잊기로 했다

누운 들국화
—녹천 고광순

왜군이 지른 불에 집이 탔다
재 안에 벙어리 아들이 몸 찢겨져 뒹굴어도
'불원복不遠復' 세운 깃발 꺾을 수가 없어
지리산 포수를 연곡사에 불렀다
임란에 잃어버린 선조가 있어
한 놈이라도 왜를 더 죽이기 위해
6순 나이에도 불무장등에 올랐다

몰려 온 왜병이 연곡사를 태우고
불에 탄 몸이 까마귀밥으로 던져졌어도
누운 들국화는 시들지 않았다
산다화 붉게 피는 봄이 오면
눈이 시리다 못해 고개 아프더니 뚝뚝
모가지 지는 소리가 산을 깨웠다

'왜는
 한 놈도 이 땅에 들이지 말라'

가슴에 박힌 못
―매천 황현

백운산 가는 바람을 불러 가르쳤다
숲을 갈 때 잎을 흔들지 말라고
구안실을 짓고 구름을 가르쳤다
들판에 비는 두루두루 내리라고
벼슬하지 않은 것은 부끄럽시 아니힌데
의로운 격문 한 줄 못 써준 일이
가슴에 못이 되어 아프다

녹천이 졌다는 소식에
맨 먼저 연곡사로 달려간 이유다
잿더미 위에 누운 들국화를 덮어주고
무덤을 짓고 대성통곡했으니
눈 바로 뜨고 살았어도
가슴에 박힌 못이 깊이 찔러
가을 등잔 밑에서 책을 덮었다*

*매천의 '절명시'의 한 부분

동편제
—송흥록

산에 눈이 먼 해일이다
부잣집 곳간을 일거에 부셔
천하에 굶주린 이를 먹여 살리다
지리산 줄기를 올라탔다
노고단을 갈라 문 밖에 세우고
하늘 소리를 내려 집 한 채 이루었으니
홍보가 한 소절에도 산천이 진동하고
바위를 깨뜨려 산문을 젖혔다
폭포는 일거에 부서지는 묘미 속
목을 갈라 토한 소리가 가는
담대한 물줄기려니
장쾌한 산이 피를 넘어 태어났다

흥보가
―송만갑

곽씨 부인을 잃은 심봉사가
딸 청이를 안고 이집 저집 다니면서
젖을 얻어 먹여 키우는 대목에 이르러서는
소리를 절로 그쳤으니 어쩔거나
목 메인 통곡이 목을 앗아 갈 줄이야

폭포에다 맑은 통 상성을 냅다 질러대
일거에 성조를 떨어뜨리고
오랜 가문을 따르지 아니하였으니
대를 끊어 일가를 이루었다 함은
달리 패륜을 저질렀다는 뜻 아닌가

울음보다 웃음이 그리운 독이 되어
심청가 대신 흥보가를 쳐내었으니
상처한 시름 잊어보려 함이겠지만
동편제 슬픔은 뼈에 새긴 피로 남아
일가―家를 어찌 둘러 갈 수 있을까

수궁가
―유성준

목이 잠긴 한 소절 수궁가가
늙은 몸을 싣고 홀로
지리산 풀숲에 누워 새를 불렀다
주변을 맴돌던 굼뜬 별주부가
못 다 한 말을 춤으로 풀었다
가슴에 맺힌 응어리가 없어도 억새는
수궁의 물결을 데리고 와서
대범한 소리에도 단순하게 출렁거렸다

소박하면서도 웅장한 소리였기에
동편제 가풍歌風을 따라가다
끝을 뚝, 잘라 맺고는 총총
잡풀 속 춤 새에 섞여 은둔했다
가는 억새 목줄기를 타고
바다 속을 드나들던 별주부는
토끼 간을 용왕전에 내놓고
담대한 소리결로 몸을 구했다

산동애가
—백순례

돌아오지 못할 길을 알면서도 떠나는
늙은 섬진강은 멀리서 말이 없고
강물 위에 남는 노을빛이
피를 머금고 강물에 투신할 때도
몸을 일으켜 세우지 않았다

눈물 밴 신작로를 따라 가는 봄비에
열아홉 환한 산수유꽃이 졌다
해마다 산동에 돌아오는 봄이건만
눈물 마른 꽃이 그렇게 피었다
피었다가 다시 그렇게 갔다

해설

해설

　· 진감국사와 쌍계사 팔영루 : 섬진강에 뛰노는 물고기를 보고 8음률로서 어산(범패)을 작곡했다 함. 불교음악의 창시자. 왕의 부름도 마다함, 팔영루는 범패의 명인을 교육 시킨 곳이다.

　· 옥천사 : 쌍계사의 옛 이름. 팔영루에서 어산(범패, 불교 음악)이 지어지고 교육되었다.

　· 옥보고 : 통일신라시대 악성 옥보고는 지리산 운상원(운봉)에서 거문고를 완성, 전수하며 말년을 보냈다. 옥보고는 육두품 귀족의 아들로 태어났지만 풍요로운 세속의 삶을 버리고 깊은 산중인 지리산 운상원에 머물며 거문고의 금도를 닦는데 일생을 보낸 인물이다. 50여 년간 거문고에 매진한 끝에 30여 곡의 음악을 작곡하는데, 이 작품들은 신라 거문고 음악의 뼈대가 되었다. 그러나 옥보고는 이 음악을 제자 속명득에게 비밀리에 전했고, 그 또한 다음 제자 귀금에게만 전했다. 그런데 귀금 또한 역시 지리산에 은거하며 세상에 나오지 않았다. 그러자 왕은 세상에서 거문고의 전통이 끊어질 것을 염려할 지경에 이르

렸고 마침내 관리를 파견하고 거문고 음악의 전승방안을 찾았다.

· 황악산 : 함양 일원에서 지리산을 일컬음. 황은 중심을 뜻하는 색깔이고 그래서 중심에 있는 산이란 뜻.

· 벽계 : 벽송 선사의 스승.

· 지엄 : 벽송사 창건주, 장군의 벼슬을 홀연 떨치고 출가, 지리산 불교의 시조가 되었다.

· 벽송령 : 벽소령의 옛 이름

· 고광순 : '누운 들국회'는 '매천야록'에 나오는 한 구절. 매천 선생이 녹천 고광순 선생의 묘소를 다시 세운 뒤 그 감회를 술회한 글이다. 누운 들국화는 녹천 고광순을 이르는 말.

· 불원복 : 멀지 않아 광복이 온다는 말로 고광순이 의병대 깃발에 썼다.

· 매천 절명시 : 매천 황현 선생은 1910년 경술국치를 맞아 절명시를 쓰고 음독 자결했다. 절명시는,

> 가을 등잔 밑에 책을 덮고
> 수천 년 역사를 회고하니
> 참으로 지식인이 되어
> 한평생 굳게 살기 어렵구나

· 송흥록(1780~?) : 동편제 판소리의 창시자. 지리산에서 묵었다. 송흥록은 민속음악 가운데 가장 느린 진양조를 판소리에 응용해 판소리의 표현영역을 확대시켰다. 특히 〈춘향가〉 중에서 춘향이 모진 매를 맞고 옥에 갇혀 있을 때 원통하게 죽은 귀신들이 나오는 옥중가는 그가 창작한 독창적인 판소리 창법이다.

옥중가는 '옥중가의 귀곡성'으로 유명한데 진주의 촉석루에서 소리를 할 때 귀곡성을 내자 갑자기 바람이 일고 촛불이 꺼지면서 하늘로부터 귀신이 우는 소리가 들려왔다고 한다. 또한 선생이 죽고 난 후 무덤에서는 '내 소리를 받아가라'는 귀곡성이 그치지 않았다는 이야기도 전해질 정도로 그의 목소리에는 혼이 담겼다고 알려져 있다.

송흥록 선생이 태어나고 전수한 곳은 남원. 국내 유일의 국립민속국악원을 비롯해 기왕 송흥록 선생 생가의 판소리 탯자리와 동편제 거리가 남원에 있는 이유도 이 때문이다. 남원은 송흥록의 손자 송만갑은 물론 김정문, 강동근과 여류 명창인 이화중선, 박초월, 안숙선, 강정숙 등이 태어나 소리를 익힌 곳이기도 하다.

· 송만갑 : 1865년 전남 구례 봉북리에서 태어났다. 가왕 송흥록의 동생인 송광록의 손자로 그

의 부친은 명창 송우룡이니 3대를 잇는 명문의 자손이다. 7세 때 부친의 지도를 받아 소리 공부를 하였는데, 천재적인 소질이 있어 13세 때 벌써 소년 명창으로 명성이 높았다. 그러나 송만갑은 시대적 요구에 순응하여 창조와 제작을 가문의 전통적 법제로 답습하지 않고, 일종의 특색있는 제작으로 문호門戶를 따로 세웠다. 이 때문에 그의 부친은 [송씨 가문의 법통을 말살하려는 패륜 자식이라] 하여, 송만갑을 독살하려고까지 하였다. 어쨌든 자가의 법제를 밟지 않고 일종 특색의 조격調格을 창시하여 일가를 완성한 만큼, 특징과 이채를 띠었으므로 송만갑의 인기는 대단하였다.

· 유성준(1873~1944) : 동편제 수궁가의 거장. 유 명창은 19세기 말부터 20세기 전반기에 걸쳐 송만갑 등과 함께 당대 최고의 명창으로 불린 인물이다. 송흥록의 조카 송우룡 명창을 사사하고 〈적벽가〉, 〈수궁가〉를 강도근 등 명창에게 전승하기도 했다. 유성준 명창은 고향인 전남 구례를 떠나 하동 악양면 마을 인근에서 말년을 보냈고 1944년 쓸쓸히 생을 마감했다. 하동 악양에서 발견된 묘소는 후손이 없어 묘역 관리가 제대로 이뤄지지 않은 상태였다고 전한다. 지금도 지리산 어디쯤에 동편제의 기운이 묻혀 있진 않

을까.

・백순례 ; '산동애가'는 1960년대 대중가수에 의해 노래가 불려지기도 했으나, 그 연원을 찾아보면 해방공간의 가슴 아픈 현대사가 자리하고 있다. 여기서 말하는 산동은 산수유마을로 널리 알려진 전남 구례군 산동면이다. 지리산온천관광단지에서 불과 5분도 걸리지 않는 곳이다.

이 노래를 처음으로 불렀던 주인공은 백부전으로 알려져 왔다. 산수유 피는 봄소식을 전할 무렵이면 신문들마다 '빨치산 여전사 백부전이 부른 노래'라고 노랫말을 소개하고 있다. 백부전은 실제 인물이었다. 산동면 상관 마을에서 나고 자라다 열아홉살 여순사건 때 국군에 의해 총살당한 것으로 추적되었다. 부전은 집에서 부르던 이름이었고, 호적상의 이름은 백순례白順禮였다. 어떻게 그 노래를 남긴 것일까. 1948년 여순사건 당시 구례군 산동면을 비롯 황전・토지면 일대는 좌익군인들의 무대였다. 여수에서 반기를 든 좌익군인들이 이곳까지 이르렀기 때문. 특히 산동면은 군경과 좌익이 대치하며 피를 흘렸던 비극의 현장이었다. 해방공간에서 온 나라가 좌, 우로 갈렸었다. 구례지역도 마찬가지였다. 여순사건 중 산동에선 이른 바 '좌익 명단'이 큰 회오리를 일으켰다. 어떤 식으로든 좌익단체에 그 이름이 오른 사람들은 혐의를 벗어나기도, 결백을 주장하기도 힘든 상황이었다. 뿐 아니라 '밤손님들'(좌익군인)에게 협조했다는 구실로도 죽임을 당한 것은 부지기수였다.

백순례의 조카가 살아 있어 그가 할머니로부터 들었다는 사연은 이렇다.

"당시 미혼이었던 아버지와 고모(백순례)가 군인에게 함께 끌려갈 처지였다고 합니다. 끌려가면 바로 죽음이었으니 얼마나 절박했겠습니까. 고모가 나서서 '제가 갈 테니 오빠 민이라도 살려달라'고 애원했다고 합니다. 집안의 대를 잇는 대신 자신을 희생한 것이죠. 고모가 아니었다면 제가 태어나지도 않았을 겁니다."

山洞哀歌

잘 있거라 산동아 너를 두고 나는 간다
열 아홉 꽃 봉오리 피어보지 못한 채로
가마귀 우는 골에 병든 다리 절며 절며
달비 머리 풀어 얹고 원한의 넋이 되어
노고단 골짜기에 이름 없이 쓰러졌네

잘 있거라 산동아 산을 안고 나는 간다
산수유 꽃잎마다 설운 정을 맺어 놓고